LA
CAPUCINIÈRE,
POÈME.

La Capucinière.

LA CAPUCINIÈRE,

OU

LE BIJOU ENLEVÉ A LA COURSE,

POÈME.

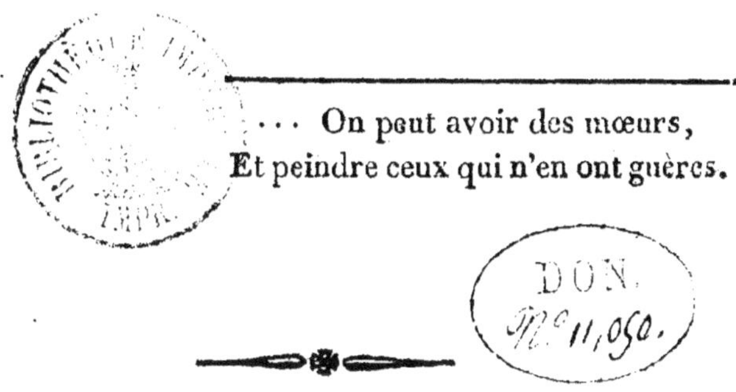

> ... On peut avoir des mœurs,
> Et peindre ceux qui n'en ont guères.

PARIS,

Chez les Marchands de Nouveautés.

1820.

A

AGLAURE.

To i qui sais allier une gaîté charmante
      Aux tendres sentimens du cœur;
Toi qui ne fus jamais ni prude, ni pédante,
Qui te plais à sourire aux bons mots d'un conteur;
     Qui lis Parny, Lafontaine, Voltaire,
Et n'en prises pas moins les écrits d'un docteur;
     De cet enfant d'une muse légère,
      Reçois l'hommage volontaire.
D'avance, je m'attends que de tristes censeurs
    S'en prévaudront pour critiquer mes mœurs :
      Ils vont tonner ; dans leur colère,
    Ils traiteront de blasphêmes affreux,
Jusques aux moindres mots de ma *Capucinière* ;
Mais au lieu d'applaudir à ce zèle pieux,
L'homme sage, avec nous, rira de leur folie:

A AGLAURE.

Il sait qu'on peut fort bien, sans offenser les Dieux,

Se permettre parfois une plaisanterie,

Sur les prêtres, les Saints, et même sur Marie.

Il sait encor qu'on peut avoir des mœurs,

Et peindre ceux qui n'en ont guères.

Défions-nous de ces frondeurs :

Sous les dehors les plus austères,

Ils cachent le cœur le plus faux.

Défions-nous de ces belles mystiques

Qui, se pâmant sur des reliques,

De leur sexe ont tous les défauts,

Et nulles vertus en partage.

Au seul aspect d'un livre, on les voit en fureur ;

Elles voudraient brûler et l'auteur et l'ouvrage ;

Mais, tête-à-tête avec leur directeur,

Au dieu d'Amour elles rendent hommage,

Et bénissent cent fois et l'ouvrage et l'auteur.

AVANT-PROPOS.

Nous ne dirons pas comment cette bluette est tombée entre nos mains ; le public est, sans doute, fort peu curieux de le savoir. Il nous paraît également inutile de lui en faire connaître l'auteur. Si elle est assez heureuse pour amuser, son nom n'ajoutera rien au plaisir qu'elle procurera. Si, au contraire, elle ennuie, raison de plus pour que l'auteur reste inconnu.

En supposant que des plaisanteries dussent être prises au sérieux, nous conviendrons que cet ouvrage pourrait, à la rigueur, être taxé de renfermer quelques traits hardis et quelques peintures un peu libres ; mais alors nous demanderons ce qu'a donc avancé l'auteur de la *Capucinière*, que les écrivains les plus célèbres du dix-huitième siècle n'aient dit avant lui ? Ouvrons les œuvres de Voltaire, de Diderot, de Boulanger, d'Helvétius, de l'abbé Raynal, &c.,

nous y trouverons, à chaque page, le ridicule
semé à pleines mains sur notre religion, qui,
d'après M. Geoffroy lui-même, ne vaut pas
mieux que celle des peuples les plus barbares (*).
Leurs écrits d'ailleurs l'attaquent ouvertement;
au lieu que notre auteur n'en a parlé que par
occasion, et parce qu'elle tenait à son sujet.
Ce n'est qu'aux couvens qu'il paraît en vouloir. Eh ! n'est-il donc pas reconnu maintenant
que le culte catholique peut très-bien se passer
de moines, de capucins, de nonnes, de cloî-
tres en un mot? Mais les prêtres et les bigots,
intéressés à arrêter la propagation de cette vérité, s'emporteront toujours contre l'homme
courageux qui dénoncera ces repaires du vice,
où de véritables animaux se réunissent

Pour s'engraisser et vivre à nos dépens.

Il est un reproche plus fondé en apparence,
qu'on pourrait adresser à notre auteur. Je veux

(*) M. Geoffroy a dit dans son Feuilleton du 19
août 1807 : *Le progrès des lumières nous a fait voir que
toutes les religions sont aussi bonnes les unes que les
autres ; que toutes les manières d'adorer Dieu lui plaisent également, etc.*

parler des mœurs qu'il n'a pas assez respectées, dira-t-on. Nous ne pensons pas qu'en chantant des capucins, il ait eu la prétention de faire un cours de morale. Quoi qu'il en soit, son ouvrage n'en est pas entièrement dépourvu, et il nous serait facile de le prouver. Mais examinons si ceux qui ont écrit dans le même genre, ont été plus réservés que lui. Sans parler des productions des anciens, et en nous restreignant à celles des écrivains de nos jours et de notre pays, nous verrons que l'auteur de la *Capucinière* a été bien moins libre que ses maîtres.

Dans la *Pucelle*, Jeanne aux prises avec le Muletier et Grisbourdon, aux prises avec son âne brûlant d'amour pour elle ; dans *la Guerre des Dieux*, la Parodie de la Passion de Notre Seigneur, la Chapelle des Claques, les Exploits de Priape et de ses Satyres ; dans *les Bijoux indiscrets* et dans *Parapilla*, les Aveux des Bijoux, les Fredaines de Parapilla ; enfin dans *les Contes de Lafontaine*, les Trois Commères, le Berceau, &c. ; toutes ces scènes ne sont-elles pas bien plus indécentes que celles de la *Capucinière* ? Cependant ces ouvrages se vendent publiquement et par-tout.

Au surplus, si notre auteur a présenté quelques tableaux trop libres parfois , du moins ses expressions sont toujours chastes ; et, à l'exception de deux ou trois mots , qu'il lui aurait été impossible de ne pas employer , tels que *pucelage* et *pucelle* , sa *Capucinière* n'en offre aucun qui ne dût être reçu dans la meilleure société. Or , le bon homme a dit :

Quand le mot est bien trouvé,

Le sexe , en sa faveur , à la chose pardonne.

Ce n'est plus elle alors , c'est elle encor pourtant :

Vous ne faites rougir personne,

Et tout le monde vous entend.

Sommaires des cinq Chants.

CHANT PREMIER. *Situation de la Capucinière. — Ses habitans. — Reproches d'Églé à père Albin. — Querelle, combat. — Apparition de St. François.*

CHANT II. *Discours de père Albin. — Indignation de St. François en apprenant que le couvent est sans père gardien. — Observations de père Jean et de père Ignace. — St. François s'appaise. — Églé accuse père Albin. — Réponse de St. François. — Il défend aux capucins de toucher au bijou d'Églé, et s'en va après avoir promis de revenir le lendemain.*

CHANT III. *Sans respect pour les ordres de St. François, père Jean essaye de s'emparer du bijou d'Églé. — Sa confusion. — Père Ignace veut troquer sa maîtresse contre celle de père Albin. — Opposition de la part de père Éloi, au nom du Saint Patron. — Nouvelle rixe, pendant laquelle père Ignace essaye à son tour, mais inutilement, d'enlever le bijou d'Églé. — Le calme se rétablit. Père Éloi fait aussi d'inutiles tentatives sur Églé.*

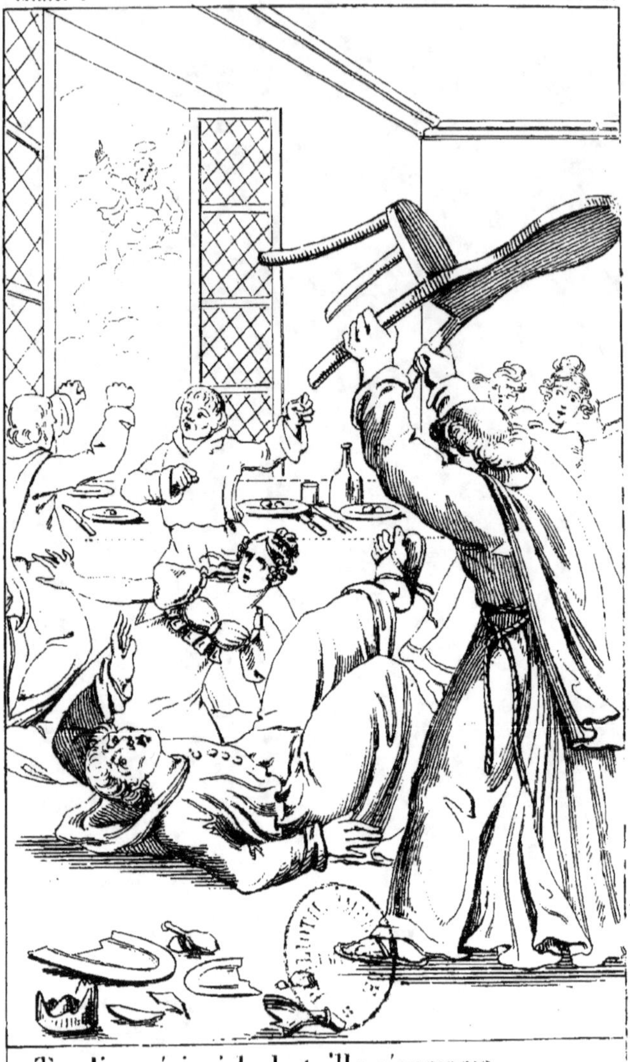

Tandis qu'ainsi la bataille s'engage
Le grand François........

LA CAPUCINIÈRE,

POÈME.

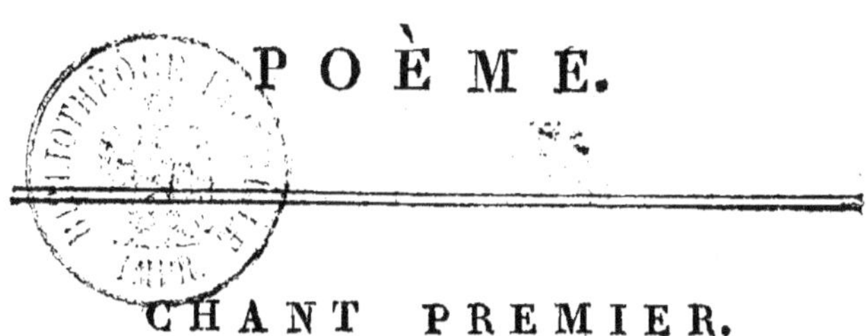

CHANT PREMIER.

Dans l'âge heureux où l'aimable Folie,
Prenant pitié du pauvre genre humain,
Pour adoucir son funeste destin,
Sème de fleurs le chemin de la vie,
Le dieu des cœurs m'inspira l'art des vers :
Il me l'apprit ; et par reconnaissance,
J'ai fait serment de vieillir dans ses fers.
Célie, Ismée, Euphrosine et Constance,
Ont tour à tour couronné leur vainqueur.
Bientôt après, la séduisante Aglaure
Me fit ouïr l'aveu le plus flatteur ;

A

Et dans mes bras, ivre de mon bonheur,
Elle jura que le dieu que j'adore
Serait aussi le seul dieu de son cœur.

　Amour, tu vois si je te suis fidèle!
Quoique, toujours, volant de belle en belle,
Je n'ai jamais respiré que pour toi;
Mais c'est trop peu pour ce que je te doi:
Assez long-temps j'ai gardé le silence;
Il faut le rompre, il faut, en vers pieux,
Dire tes lois, célébrer ta puissance,
En transmettant à nos derniers neveux,
Un fait plaisant, mais un peu scandaleux.

　Pour raconter une si belle histoire,
Amour, Amour, soutiens ma faible voix,
Viens m'inspirer, il y va de ta gloire.
D'autres, sans nous, vanteront les exploits
Des conquérans chéris de la victoire:
Je ne veux pas de si fameux héros;
Je dirais mal leurs glorieux travaux;
Ma muse est tendre et point du tout guerrière.

Mais s'il suffit de brûler de tes feux
Pour essayer, sur cette autre matière,
Quatre ou cinq chants à demi-sérieux,
Amour, je puis entrer dans la carrière,
Plus d'une fois je t'ai dû mon bonheur;
D'Aglaure encor je possède le cœur,
Et chaque jour, alors que la nuit sombre
Descend des cieux et nous laisse dans l'ombre,
Guidé par toi, je quitte mon réduit,
Je cours aux lieux où m'attend ma bergère ;
En nous voyant, la contrainte s'enfuit,
Et nous volons tous les trois à Cythère,
Avec l'essaim des aimables plaisirs.

Charmante Aglaure! amante trop craintive,
O cher objet de mes brûlans desirs,
Prête à mes vers une oreille attentive;
Je vais chanter les secrets d'un couvent.
Mais vous dévots, mais vous censeurs austères,
Que l'esprit saint égare si souvent,
Vous qui n'aimez que vos sottes chimères,
Gardez-vous bien de me lire un instant.

Non loin du Pô, sur un côteau stérile,
A quelques pas d'une superbe ville,
Soit par caprice, ou par religion,
Un vieux bigot bâtit un monastère :
Quatre vauriens, ne sachant trop que faire,
Vinrent loger dans la sainte maison ;
De capucins ayant déjà le nom,
Cette maison, par l'ignorant vulgaire,
Fut appelée une *Capucinière*.

Si je voulais suivre de point en point,
Un tas de lois qui gênent l'art d'écrire,
C'est bien ici le lieu de la décrire ;
Mais j'aime mieux ne la décrire point ;
On sait assez comment un monastère
Doit être fait pour loger des crasseux ;
Ainsi, je crois faire bien de me taire.

Là, quelques jours, ces fainéans heureux
Jouirent tous de la même puissance ;
Égaux entre eux, ils étaient fort contens,

Et vivaient même en bonne intelligence.
Ah! cet accord ne dura pas long-temps :
Jamais la paix n'est entre gens d'église.

De ces vauriens, s'il faut que je le dise,
Le plus âgé ne comptait pas trente ans.
Trahi jadis par sa belle maîtresse,
Il prit le froc avec le nom d'Albin.
Le temps, bientôt, dissipa sa tristesse,
Et voulant être un parfait Capucin,
Il débuta comme un franc libertin,
En peu de temps surpassa ses confrères,
Et fut ainsi le premier de nos pères.

Les deux suivans, non moins mauvais sujets,
Pour éviter de faire la grimace
A ce poteau d'un si terrible accès,
Dirent au monde un adieu pour jamais,
En embrassant l'ordre de la besace;
On les nommait père Jean, père Ignace.

Quant au dernier, je ne sais trop pourquoi
Il s'enrôla dans cette compagnie;

Peut-être aussi fit-il quelque folie,
Toujours est-il qu'il s'appelait Éloi.

Sans autre droit que leur hypocrisie,
Le fondateur de la sainte maison
Les y maintint pour y dire l'office.
C'est donc ainsi que l'emporte le vice
Sur la vertu qui n'est plus qu'un vain nom!....
O temps! ô mœurs! mais qu'y pouvons-nous faire?..
Laissons le monde aller comme il voudra,
Heureux celui qui bien s'en tirera;
Pour le moment ce n'est pas notre affaire.

En arrivant dans la Capucinière,
Le premier soin de nos quatre lurons
Fut d'enfermer, au fond du monastère,
Quelques beautés d'une humeur peu sévère.
On doit penser que ces jeunes tendrons,
Ainsi nichés avec de pareils merles,
N'étaient pas là pour enfiler des perles,
Mais bien.... Suffit; on m'entend; poursuivons.

Dans un repas fait avec les donzelles,
Un jour Églé, (c'était une d'entr'elles),
L'esprit troublé par les vapeurs du vin,
Apostropha de ces mots père Albin :

ÉGLÉ.

« Dis donc, vieux chien, au nombre des pucelles,
As-tu juré de me laisser toujours ?
Tu le sais bien, je ne suis point farouche ;
Depuis trois nuits je partage ta couche,
Et cependant....

PÈRE ALBIN.

Brisons-là ce discours,
Point de mensonge, encor moins de colère.

ÉGLÉ.

Je ne mens point.

PÈRE ALBIN.

Bon, c'est assez, ma chère,
N'en parlons plus.

ÉGLÉ.

Mais...

PÈRE ALBIN.

Reçois ce baiser.

ÉGLÉ.

Oui, voilà bien tout ce que tu sais faire,
Prendre mes bras, me parler, m'embrasser,
Et rien de plus.

PÈRE ALBIN.

Tais-toi...

ÉGLÉ.

Je veux tout dire :
Certes ! crois-tu toujours en imposer ?...»
Ici chacun, par des éclats de rire,
Interrompit l'orateur emporté,
Et père Albin parut déconcerté.

A la rougeur qui couvrait leur visage,
On se douta qu'Églé n'avait pas tort,
Et qu'en effet le père était trop sage.
Il veut parler, on rit encor plus fort.

Tant de gaité ne plaisait pas au père ;
Il trépignait de honte et de colère,
Jurant tout bas qu'il s'en vengerait bien :
«Messieurs, dit-il, au comble de sa rage,

Messieurs, messieurs, je suis votre doyen;
Des ans sur vous n'ai-je pas l'avantage?
Je tiens ici lieu de père gardien.
Obéissez : cette gaîté me lasse,
Et je prétends que l'on m'en débarasse.

PÈRE ÉLOI.

« En vérité, l'ordre est assez nouveau ;
Comme il y va notre révérend père!
C'est fort bien fait de se mettre en colère,
De commander, mais d'obéir, tout-beau!

PÈRE ALBIN.

« Eh ! diable, aussi, faut-il croire une folle
Dont ce champagne a troublé le cerveau !

ÉGLÉ.

« Je suis donc ivre à t'entendre , bourreau!
Tu voudrais bien qu'on te crut sur parole.
Ah ! je suis ivre; eh bien ! oui, je le sui;
Mais non de toi, Capucin à la glace.
Va, je l'ai dit, tu peux dès aujourd'hui,

Faire venir celle qui me remplace.
Jamais Églé ne te pardonnera
L'affront sanglant que tu fais à ses charmes.....»
Elle se tut; et pour cacher ses larmes,
La pauvre enfant de ses mains se voila.

A peine eut-elle achevé ce reproche,
Que l'œil en feu, le visage irrité,
Albin courut sur la jeune beauté,
Pour lui donner quelque bonne taloche;
Mais c'est en vain : les compagnes d'Églé,
Prirent parti contre l'écervelé,
Et leurs amis qui voyaient que l'affaire,
S'échauffant trop, aurait mauvaise fin,
Se mirent tous entre elle et père Albin.

Ici, sans doute, eût fini cette guerre,
Quand, par malheur, la petite Suson,
(Celle qu'Éloi chérissait davantage)
En avançant le bout de son visage,
Reçut, d'Albin, la confirmation,
Mais de manière à s'en guérir l'envie.

Ah ! qui pourrait redire sans effroi,
Dans quel transport entra le père Éloi,
Voyant ainsi souffleter son amie ?
Les léopards, les tigres, les lions
Sont des agneaux, si nous les comparons
A ces vauriens qui déjà sont aux prises.
Les coups de poing volent de toutes parts :
On jure, on peste, on se dit des sotises ;
Et la fureur anime leurs regards.

Tandis qu'ainsi la bataille s'engage,
Le grand François, leur bienheureux Patron,
Se promenant, assis sur un nuage,
Juste au-dessus de la sainte maison,
Entend les cris des femmes renversées,
Les juremens des quatre furieux,
Roulant parmi les bouteilles cassées ;
Et croit devoir descendre sur les lieux.

Tels qu'à l'aspect d'un pédant de collége,
Qui, tout-à-coup, vient reprendre son siège,
Trente marmots, criant tous à la fois,

Rentrent soudain dans un profond silence ;
Tels, en voyant paraître Saint-François,
Nos combattans levèrent la séance,
Pour se jeter, d'un air respectueux,
Aux saints genoux du Patron bienheureux.

Puisqu'ils y sont, qu'ils fassent pénitence.
Pour un instant, je suspends mes travaux :
Je ne veux pas trop fatiguer ma veine ;
Elle est peu forte, il lui faut du repos,
Et c'est ici que je reprends haleine.

Tandis qu'à terre, en le suivant des yeux,
Tous nos vauriens lui criaient : Bon voyage.

CHANT SECOND.

QUE les couvens, dans ce siècle pervers,
Sont différens de ce qu'ils devraient être!
Ah! si d'eux tous j'étais l'unique maitre,
Sans balancer, au fin fond des enfers,
Dès aujourd'hui, je vous enverrais paître
Les animaux qui s'enferment dedans,
Pour s'engraisser et vivre à nos dépens.
Du vice impur, un cloitre est le repaire.
Dans les couvens, que ne se fait-il pas?
J'ai vu, j'ai vu des moines scélérats,
Au nom d'un Dieu qui ne les gêne guère,
S'abandonner aux plus affreux excès......
Et l'on dira qu'il faut qu'on les révère!
C'est fort bien dit : mais moi qui les connais,
Je vous soutiens qu'il vaudrait mieux les craindre.

Confus, tremblans, aux pieds de Saint-François,
Nos champions étaient vraiment à peindre,

Quand père Albin, en assez fin matois,
Pour esquiver sa première boutade,
Prend la parole, et préludant trois fois,
Adresse au Saint cette capucinade,
Qui tint long-temps tous nos sots ébahis :

« Très-saint Patron, ne soyez pas surpris,
Si, dans ces lieux, un apparent désordre
Sur vos enfans semble donner à mordre ;
Nous connaissons vos rigoureuses lois ;
Au fond du cœur chacun de nous les porte :
Mais ne peut-on s'en écarter par fois ?
La chair est faible, à moins qu'elle soit morte ;
Et vous voyez, très-révérend Patron,
Qu'aucun de nous n'est près de rendre l'ame.
Sans compromettre et l'Ordre et votre Nom,
Sans trop manquer à la Religion,
Ne pouvons-nous caresser une femme,
Nous quereller, pourvu que le secret
Meure avec nous dans notre monastère ?
Le ciel doit-il nous en faire un forfait ?
Le mal n'est mal qu'à l'instant qu'on le soit.

Et c'est un bien s'il demeure un mystère.
J'entends par mal celui que nous faisons,
En nous livrant à ces jolis tendrons,
En nous battant, en faisant bonne chère;
Car je sais trop que si, dans nos couvens,
On oubliait de dire son bréviaire,
De réciter en commun la prière,
De marmotter des mots vides de sens,
Aux pieds du Christ ou de Sainte-Marie,
Ce serait fait de la seconde vie.
Hélas! je suis peut-être dans l'erreur.
Sur tout ceci, se tromper est facile;
Mais vous pouvez devenir mon sauveur :
Très-saint Patron, faites que dans mon cœur,
La vérité se choisisse un asile. »
Il dit, et baise avec soumission,
Le saint orteil du révérend Patron.

A ce discours qui le faisait morfondre,
Le grand François ne sait trop que répondre;
Il recueillit cependant ses esprits,
Toussa, cracha, s'essuya la moustache,

Et répondit : « *In nomine Patris*,
Tant de raison me confond et me fâche;
Mais, mon cher frère, êtes-vous le Gardien?
Avec lui seul je veux un entretien;
Puis, je verrai ce que je dois vous dire.

PÈRE ALBIN.

« Excusez-nous, très-révérend Patron :
Jusqu'à ce jour, sans songer à l'élire,
L'égalité régna dans la maison,
Aucun de nous n'est au-dessus des autres,
Et nous vivons comme les bons Apôtres,
Au jour le jour, et sans plus de façon.

SAINT-FRANÇOIS.

« Point de Gardien! le cas est punissable :
J'en suis fâché; vous manquez à la loi,
Et là-dessus je suis inéxorable.
Point de Gardien! mais voyons donc pourquoi
Vous trouvez bon de changer ainsi l'ordre?
C'est sur cela que l'on pourrait bien mordre.
Mangez, buvez, battez-vous, ce qu'est rien;

Ayez chacun deux, trois, quatre donzelles,
Au fond ce sont de pures bagatelles,
Et dans le ciel nous nous en moquons bien.
Mais un couvent sans un père Gardien !
Oh, c'est trop fort ! Vous irez aux galères,
Ou tout au moins dans quelques séminaires.
Point de Gardien ! je n'en puis revenir.....
Allons, allons, il faudra vous punir,
Et je m'en charge ; entendez-vous, chers pères ?

PÈRE JEAN.

« Quoi ! se peut-il ! eh quoi ! très-saint patron,
Vous permettez de caresser des filles,
D'être emporté, gourmand et biberon ;
Vous tolérez cent autres peccadilles :
Mais pour savoir nous passer d'un Gardien,
Vous nous voulez punir du séminaire !
Souffrez au moins ....

SAINT-FRANÇOIS.

Non, je ne souffre rien.
Me croyez-vous encore de la terre ?
Du Paradis je suis un habitant ;

Et certes là nous pensons autrement
Que lorsqu'ici nous jouons notre rôle.
J'ai, comme vous, aimé le cotillon;
Dans mon printemps j'étais un bon luron,
Je préférais faire la rocambole
A l'abstinence, à ce jeûne fatal,
Qui m'a sitôt conduit en l'autre monde;
Mais, dans les bras d'une petite blonde,
Ayant gagné je ne sais trop quel mal,
Je fis le vœu d'être un saint personnage;
(Voyez à quoi tient notre sainteté !)
Et je le fus, soit dit sans vanité.
Mais à présent, ah ! combien j'en enrage !
Que je maudis mon imbécilité !
J'aurais pu vivre au moins quelques années,
Je n'ai joui que de quelques journées !
Je fus un sot ; il n'en faut plus parler.
Le Paradis devrait m'en consoler,
Me direz-vous. Vraiment, belle fadaise !
Que fait-on là ? L'on admire Jésus,
On bâille, on dort, on s'ennuie à son aise;
Mais l'on se dit : Nous sommes les élus.

Et puis d'ailleurs, sans mainte simagrée,
On peut fort bien s'en ménager l'entrée.
En Paradis, j'ai trouvé des pendus,
Des huguenots, des juifs, des philosophes,
Que sais-je, moi ? J'en fus scandalisé.
— Quoi! dis-je alors, de semblables étoffes
Sont en ces lieux ? Que j'étais insensé !
Qu'ont-ils donc fait pour échapper au diable ?
— En trépassant, ils se sont confessés,
Répond Jésus, du ton le plus affable.
— Et puis? — Rien autre. — Eh quoi! C'en est assez ?
— Oui, surement ; tout dépend de la grâce.

Vous le voyez, la chose saute aux yeux,
En Paradis, vous pourrez avoir place,
Sans, comme moi, vous rendre malheureux
Par continence, ou par coups de cilice.
Dans ce bas monde, il faut que l'on jouisse,
Pour que dans l'autre on se trouve un peu mieux.
Mais, au mépris des lois, des ordonnances,
Vivre cloitrés, sans un père gardien,
C'est renverser l'ordre et les convenances;

C'est me manquer : car, vous le savez bien,
J'ai fait ces lois, je les aime et j'y tien.

PÈRE IGNACE.

« Permettez-nous, je le demande en grace,
Permettez-nous, très-révérend Patron,
Si ce n'est pas vous montrer trop d'audace,
D'oser vous faire une observation.
Notre maison est à peine achevée ;
On y travaille encore en mille endroits,
Et le soleil, depuis notre arrivée,
Sur l'horison n'a paru que trois fois.
Vous conviendrez que pour choisir un maître,
Premièrement, il faut se bien connaitre.
Or, en trois jours cela ne se peut pas ;
Or, ce serait une grande injustice
De nous punir pour un semblable cas ;
Or, Saint-François a trop d'horreur du vice
Pour la commettre ; or, il excusera
Ce qu'en effet....

SAINT-FRANÇOIS.

Or, or, *et cœtera.*
Voilà des or qui ne me plaisent guère.

Vit-on jamais un pareil orateur ?
Vous vous croyez apparemment en chaire,
Pour ennuyer ainsi votre auditeur.
C'en est assez, votre défense est bonne,
Relevez-vous ; Saint-François vous pardonne ;
Mais dans trois jour, souvenez-vous-en bien,
Que l'un de vous soit le père gardien,
Ou je me fâche, et de la belle sorte. »
Il dit et va pour enfiler la porte.

Soudain Églé, qui, jusqu'à ce moment,
En paraissant rêver profondément,
Avait gardé le plus triste silence,
Vers notre Saint, légèrement s'élance.

« — Homme de Dieu, lui dit-elle en pleurant,
Ayez pitié d'une fille séduite :
J'étais heureuse au fond de mon couvent;
Ce débauché m'en fit prendre la fuite,
Ajouta-t-elle, en montrant père Albin ;
Depuis ce temps, je n'ai que du chagrin.
Hélas ! grand Saint ! à quoi suis-je réduite !

Quoi ! c'est Églé que l'on outrage ainsi ?

A dix-sept ans elle verse des larmes ;

A dix-sept ans elle est à la merci

De qui, grand Dieu ! d'un pareil sans-souci,

Qui la méprise et dédaigne ses charmes !

Ah ! c'est affreux, je n'y survivrai pas !

Oui, le cruel impunément m'outrage.

En le voyant, je m'étais dit tout bas :

Voilà celui qui, mieux qu'un jeune page,

T'enlevera ce bijou si vanté,

Que rarement on conserve à ton âge.

Réjouis-toi ; ce jour tant souhaité

Va luire enfin ; adieu ton pucelage.

Adieu !... Non, non ; il n'a pas seulement,

Depuis trois jours qu'il se dit mon amant,

Que je l'invoque et le presse et l'excite,

Daigné lui faire une seule visite.

Il est de glace .... ⟶ Et vous êtes de feu,

Répond le Saint, en se prenant à rire.

Vraiment, je plains un si cruel martyre ;

Mais calmez-vous, il finira sous peu.

Si père Albin vous outragea, ma belle,

Peut-être a-t-il bien moins de torts que vous,

Je le saurai : jusqu'alors filez doux.

Il est affreux d'être long-temps pucelle,

Je le sens bien ; mais vous l'avez voulu.

L'amour est juste ; il punit les coupables.

Vos doux forfaits sont pourtant excusables :

Toujours l'ennui marche avec la Vertu ;

Et quoiqu'on aime assez cette déesse,

On hait par trop son triste cavalier ,

Pour se complaire à la suivre sans cesse.

Rien n'est cruel comme de s'ennuyer.

Je disais donc que je puis vous absoudre ;

Mais il faudra pour cela vous résoudre

A conserver , jusqu'à demain matin ,

Ce doux bijou qui cause votre peine :

Il est utile à mon pieux dessein.

Vous , mes gaillards , ajouta notre Saint,

Si vous voulez qu'en ces lieux je revienne

Vous apporter ma bénédiction ,

Et faire en tout prospérer la maison,

Veillez sur elle , et de son pucelage

Assurez-vous qu'on ne tâtera pas.
Adieu ; demain , j'en dirai davantage.»

Il dit et fait deux ou trois entrechats ;
Attrape ainsi le bout de son nuage,
Et s'élançant dans ce bel équipage,
Touche bientôt à la voûte des cieux,
Tandis qu'à terre , en le suivant des yeux,
Tous nos vauriens lui criaient : Bon voyage.

Le bouchon part, et, sur sa têtenue,
On vit couler la liqueur à foison.

CHANT TROISIÈME.

CORRIGEZ-VOUS, Muse, corrigez-vous ;
Au nom de Dieu, prenez plus d'équilibre ;
Dans vos discours, vous êtes par trop libre.
On en murmure ; et les sots en courroux,
Jurent déjà qu'ils me feront occire.
A quoi sert-il de les désespérer ?
Ignorez-vous que pour avoir fait rire,
Plus d'une muse est réduite à pleurer ?
Eh ! que vous font ces animaux vulgaires ?
A la bonne heure, on peut s'en amuser ;
Mais gardez-vous de les scandaliser
En plaisantant du culte de nos pères.
Tout dans ce monde a son utilité.
Laissez en paix leur sainte trinité :
On sait fort bien qu'un si plaisant mystère
Est tout au moins une folle chimère.
Laissez en paix et leur Vierge-maman,
Et Saint-François et Saint-Pierre et Saint-Jean.

N'avons-nous pas d'autres sujets de rire ?

Et puis, voyons à quoi mène d'écrire

Ce que maint autre écrirait mieux que nous ?

Oui, je le sais, ce passe-temps est doux ;

Mais puisqu'enfin on y trouve à redire,

Corrigez-vous, Muse, corrigez-vous.

Quittez, quittez cette Capucinière

Qui déshonore à la fois vos pinceaux,

Et fait crier les prêtres et les sots.

Venez, qu'Amour nous conduise à Cythère.

C'est aujourd'hui la fête de sa mère ;

Tous les plaisirs vont voler en ces lieux,

Et vous pourrez y célébrer mes feux ;

J'y veux aussi conduire ma bergère. »

    C'était ainsi que, tremblant pour mes jours,

Je suppliais ma muse trop hardie

De ménager un peu plus ses discours,

Et de me suivre en cette île chérie,

Où, se livrant sans contrainte aux amours,

Du peuple sot, on brave la furie.

Soins superflus..... Je ne pus rien gagner.

Ah ! puisqu'ainsi la cruelle s'obstine
A me vouloir conduire à ma ruine ,
Bongré, malgré , je dois m'y résigner.
Hâtons-nous donc de reprendre une histoire
Que bien des gens ne voudront jamais croire,
Et c'est pourtant la pure vérité.

Quand notre Saint quitta le monastère ,
Pour retourner où la Divinité
Fit de tout temps sa demeure ordinaire,
Déjà la nuit, d'un pas précipité,
Venait dans l'ombre envelopper la terre.
En ce moment , dans l'île de Lemnos,
Le noir Vulcain suspendait ses travaux ;
Mais sa moitié , qui chérit le mystère,
Se préparait à commencer les siens.

Du grand François , les dernières paroles
Ne plurent guère à nos pieux vauriens.
« — En vérité , je les trouve assez folles,
Dit père Jean , en s'approchant d'Églé ;
Notre Patron est , je crois, endiablé.

Un tel minois, avec son pucelage,
Est un ragoût dont je suis fort friand.
J'en veux tâter. Allons, ma belle enfant,
Sans plus tarder, mettons-nous à l'ouvrage.
Si notre Saint se fâche de cela,
Ma foi tant pis, il se défâchera.
Impunément vous ne serez pucelle. »
Il dit, et vole où son ardeur l'appelle.

Mais père Albin, qui voyait son projet,
Frémit de honte ; il l'arrête, et lui crie :
« — Modérez-vous, mon frère, je vous prie ;
Ce doux bijou m'appartient, comme on sait.
— Eh pourquoi donc n'en faites-vous pas usage ?
Ce n'est pas là, (vous l'avez entendu),
Ce n'est pas là de ce fruit défendu
Qui perdit Ève à la fleur de son âge.
Servez-vous-en , je n'y toucherai pas.
Mais gardons-nous de laisser sans culture
De votre Églé les innocens appas ;
Car ce serait outrager la Nature,
Et mériter les vengeances du Ciel. »

Tout en parlant, père Jean, à l'autel,
Adroitement introduisait le prêtre.....
Déjà du poste, il pense être le maître ;
Mais, ô miracle ! ô regret trop senti !
Le prêtre tombe..... il semble anéanti.....

Muse, dis-moi quelle fut la surprise
De père Jean, d'Églé, des spectateurs ?
Peins-moi leurs ris, leurs dépits et leurs pleurs :
De tels tableaux font honneur à l'Église.

Vous avez vu quelquefois un acteur,
Se reposant sur un mauvais souffleur,
Demeurer court au milieu d'une pièce,
Vous avex vu comment, à son malheur,
Tout un parterre entrait en allégresse,
Et par-là même augmentait son tourment,
Et l'embarras de sa jeune maîtresse,
A qui pour-lors il peignait sa tendresse,
En lui jurant de l'aimer constamment.
Tels à peu près, dans ce moment funeste,
La jeune Églé, père Jean et le reste
Renouvelaient ce spectacle plaisant.

Mais dans les airs, une cloche ébranlée
A, cependant, de son lugubre son,
Fait souvenir à la sainte assemblée
Qu'il était temps de dire le *Pardon.*
Tous, aussitôt, pleins de dévotion,
Font de la croix le signe salutaire,
Et, de concert, entonnent la prière
Faite en l'honneur de l'Incarnation.

Cet *oremus*, dit avec onction,
De père Jean dissipa la colère.
Sans lui, peut-être, en nouvel Illion,
Elle eût changé notre Capucinière.
Certes, alors j'étais dans de beaux draps,
Moi qui ne sais que chanter les combats
Du Dieu charmant qu'on adore à Cythère.
C'en était fait, pour sortir d'embarras,
Il eût fallu tout uniment me taire,
Ou devenir un des singes d'Homère,
Et ce choix même était embarassant;
Mais c'est assez, revenons au couvent.

Las ! père Jean , honteux de sa disgráce,
Ne savait trop s'il l'avoûrait ou non.
Un capucin ne manque pas d'audace ;
Mais sur l'article il est souvent Gascon ,
Et convenir d'avoir trompé l'attente
D'une pucelle amoureuse et charmante ,
C'est un aveu que le plus déhonté
Ne ferait pas sans rougir de lui-même.

« — Ah ! je le vois , dit Albin enchanté
De l'embarras du nouveau Nicodème ,
Tu te répens de ta témérité.
Allons , mon frère , Albin est un bon diable ;
Oublions tout , et reprends ta gaité.
Quoiqu'on en dise , après avoir raté ,
Un capucin peut être encore aimable.
N'en parlons plus , et viens te mettre à table. »

C'était la règle , on sonnait l'*Angelus* ,
Et l'on voyait voler au réfectoire ,
Un marmiton qui se couvrait de gloire
En leur servant un repas de Crésus.
Quoique quêteurs , vous pouvez bien m'en croire ,

Nos capucins étaient des mieux pourvus.
Il est encor tant de si bonnes ames,
Non pas chez nous, mais du moins chez nos **femmes**,
Que de long-temps ces méprisables gueux
Ne cesseront d'engloutir à toute heure,
Ce qu'on refuse à mille malheureux,
Qui, par la faim, chassés de leur demeure,
Vont implorant des secours en tous lieux.

Le mot *raté*, bien qu'il fût à sa place,
A père Jean fit faire la grimace.
Il ne dit rien ; mais, dans le fond du cœur,
Il se promit qu'il en aurait vengeance.
Car tel est l'homme : il sourit à l'erreur,
Et bien souvent la vérité l'offense.

Le souper prêt, vous jugez bien, je pense,
Qu'on s'empressa d'aller lui faire honneur.
De nos vauriens, le jeûne et l'abstinence
N'étaient connus que pour en rire entr'eux.

Mangeant toujours, et buvant encor mieux,
Jusqu'au dessert on garda le silence,

Non que ce soit l'ordre de Saint-François;
Mais vous savez qu'on ne peut à la fois,
En plein repas, manger, parler et boire :
C'est par abus qu'on le souffre au dessert.
Dès qu'il parut, ce fut un beau concert :
Chacun semblait se disputer la gloire
De ne rien dire, en discourant toujours ;
Tels que ces fats, vrais moulins à parole,
Petits faiseurs de fades calembours,
Qui, trop souvent, dans un cercle frivole,
Ont l'avantage, ou de nous endormir,
Ou d'ennuyer, si l'on y peut tenir.

Tandis que tous jasaient sans se comprendre,
Le père Ignace, un peu plus rafiné,
Gardait encore un silence obstiné ;
Mais, tout-à-coup, sa voix se fit entendre.

« Çà, mes amis, il faut parler raison,
Dit-il d'un air à leur en faire accroire,
Nous sommes tous jaloux de notre gloire,
Et de l'honneur de la sainte maison.

C

Or, écoutez ce que de nous exige
Un sentiment qui certe est des plus beaux :
La jeune Églé, sans doute, est un prodige ;
Ainsi, c'est clair, nous passerons pour sots,
Si, par malheur, on apprend que la belle
A, parmi nous, resté trois jours pucelle.
Passer pour sots ! mes Frères, songez-y.
Deux d'entre nous ne sont plus dignes d'elle ;
Mais je lui reste, Éloi lui reste aussi,
Et je puis bien me vanter, Dieu merci,
Que l'un des deux n'a bronché de sa vie.
Notre honneur donc exige qu'à l'instant
On dépucelle une si belle enfant.
Je l'avoûrai, j'en ai conçu l'envie ;
Mais ce soin-là regarde encore Éloi ;
Et je consens, pour éviter querelle,
Qu'Églé choisisse entre le père et moi.

ÉGLÉ.

Voilà parler ; combien j'aime ton zèle !
Ah ! père Ignace, ah ! je me donne à toi.

PÈRE ALBIN.

Que dites-vous ? quoi donc, Mademoiselle,

Vous vous donnez sans avoir mon aveu !

Non, s'il vous plait, modérez ce beau feu ;

Moi, je prétends qu'on me reste fidèle.

PÈRE IGNACE.

Fi donc, mon cher, fi donc, tu fais l'enfant :

Songe à l'honneur de notre monastère.

Écoute, Albin, je suis accomodant ;

Cède-la moi ; je te céderai Claire.

PÈRE ALBIN.

De tout mon cœur. Le cas est différent,

Mon cher ami ; c'est une affaire fàite.

Prends mon Églé : ta Claire m'appartient.

PÈRE ÉLOI.

Non, s'il vous plait ; ce marché ne vaut rien ;

Ne croyez pas que l'on vous le permette :

J'y mets obstacle, au nom de notre Saint,

Vous le savez, d'Églé le pucelage

Est nécessaire à son pieux dessein :

Ce sont ses mots. Il doit demain matin

Nous en apprendre, a-t-il dit, davantage,

Attendez donc.

PÈRE ALBIN.

Que j'attende ! Je crois
Que vous pensez que votre cervellette
Doit me dicter les lois de Saint-François.
Mais réprimez cette ardeur indiscrette :
Autant que vous je respecte ses lois ;
Et si j'y manque, en troquant ma maîtresse,
Un sot blanc-bec, soit dit sans vous troubler,
Ferait fort mal de venir s'en mêler.

PÈRE ÉLOI.

Blanc-bec vous-même, impertinente espèce !
Nous allons voir si je suis un blanc-bec. »
Il dit, et paf : Maint et maint martin-sec
Sur père Albin tombent comme la grêle.
A cette attaque et plaisante et nouvelle,
Albin ne peut contenir sa fureur.
D'une bouteille il s'arme avec colère,
Recherche et joint l'insolent agresseur ;
Pour le frapper, il lève son tonnerre....
Mais, ô prodige ! admirez, comme moi,
Ce qui sauva de ses coups père Éloi.

Albin, trop prompt à saisir la bouteille,
N'avait pas vu qu'une liqueur vermeille
La remplissait jusques à son bouchon.
En s'en servant, comme d'une massue,
Le bouchon part, et, sur sa tête nue,
On vit couler la liqueur à foison.
Vous comprenez qu'un semblable baptême
L'arrêta court, et qu'il ne put lui-même
Ne pas en rire avec les spectateurs.

Mais cependant l'amoureux père Ignace
Pressait d'Églé les charmes enchanteurs.
Déjà le drôle espérait que la place
Se trouverait bientôt échec et mat.
Vaine espérance.... Il est hors de combat.

« Oh ! pour le coup, je ne sais plus qu'en dire,
S'écrie Éloi, n'en pouvant plus de rire.
Quoi ! père Ignace !... Oh ! c'est par trop plaisant.
Allez, allez vous reposer, beau Sire ;
Vous en avez grand besoin sûrement.
Mais, pauvre Églé ! que je plains ton martyre !
Une autre fois choisis mieux ton amant.

— Plaignez-la moins, lui répond père Ignace ;
Et pour avoir le droit de plaisanter ,
Entrez en lice ; on vous cède la place.
— Soit, répond-t-il, je veux bien l'accepter ;
Mais seulement pour vous couvrir de honte.
Çà dépêchons, ma belle, s'il vous plaît ;
Vous allez voir si j'ai bien fait mon compte. »
Il dit, et..... Dieux ! son malheur est complet.

Ah ! comment rendre une scène si belle ;
Comment vous peindre et l'indignation ,
Et la douleur, et la confusion
Du père Éloi, de l'aimable pucelle ?
Comment, comment répéter les bons mots ,
Les quolibets et les plaisans propos
Qu'on dit alors dans la Capucinière ?
Mais nos cafards ne s'en tinrent pas là :
Chacun voulut recommencer l'affaire ,
Et de nouveau chacun d'eux échoua.

« C'est singulier , dit encor père Ignace.
— Très-singulier , répéta père Albin ,
Et je crains bien d'y perdre mon latin.

— En vérité, ce prodige me passe ;
Mais n'est-ce pas un tour de Saint-François,
Dit père Jean ? — Eh ! vraiment je le crois,
Répond Éloi : le drôle en est capable ;
C'est lui, sans doute, ou, ma foi, c'est le diable,

Enfin, voyant leurs efforts superflus,
Il fallut bien avaler la pilule.
Tous quatre donc, l'air piteux et confus,
A petits pas gagnèrent leur cellule,
Non sans pester de se voir *à quia*,
Non sans maudire et leur sort ridicule,
Et Saint-François, et tout ce qu'on voudra.

CHANT QUATRIÈME.

HEUREUX cent fois qui trouve un pucelage,
A dit Voltaire. Hé bien, il se trompait.
Mais cette erreur est celle du bel âge ;
Et dans un temps, mon cœur la partageait.
Ah ! chaque jour, la vérité cruelle
Vient nous ravir des mensonges charmans,
Et nous voyons sur les ailes du temps,
Tous nos plaisirs ainsi détruits par elle.

Mais de Phébus, les coursiers matineux
N'étaient encor lancés dans la carrière,
Que Saint-François, bien plus diligent qu'eux,
Avait déjà traversé tous les cieux,
Pour arriver à la Capucinière.
Il y trouva ses disciples ronflant.

« Comment, dit-il en frappant à la porte,
Personne ici ne veille en m'attendant ?
Voilà des gars d'une plaisante sorte ;

Deux Séraphins le tenaient par l'oreille,
Précisement à deux pieds du plancher,

C'est, par ma foi, me traiter sans façons;
Mais un moment, nous les éveillerons.»
Il dit, et fait quatre pas en arrière,
Prend son élan, et repoussant la terre,
Le Grand François est au haut du clocher.
D'une lucarne, il cherche à s'approcher,
La joint bientôt; puis, la tête première,
Le Saint Patron s'y glisse de son mieux,
Non sans, pourtant, s'écorcher le derrière.

A peine est-il tout entier dans ces lieux,
Qu'un gros bourdon sonne à grand bruit matines:
Et c'était lui qui, d'un bras vigoureux,
Faisait mouvoir mesdames Jacquelines (*).
A ce concert des plus harmonieux,
Georges, sonneur de la Capucinière,
Se met en marche; et bouillant de colère,
Fond sur le Saint, et, sans plus de façon,
Fait sur son dos danser martin-bâton,
Oh! mais danser, de la belle manière.

____

(*) Les cloches.

« Au meurtre ! au meurtre ! au vol ! à l'assassin ?
Finissez donc , laissez-moi , dit le Saint ;
Ah ! finissez, ou craignez la pareille. »
Mais le battant faisait la sourde oreille ,
Et le battu poussait des cris en vain.

Le bruit , pourtant, de cette étrange scène ,
Fort à propos, réveille père Éloi.
Une vieille arme aussitôt il dégaine :
Il part , il vole , il est dans le beffroi.

La scène alors était bien différente :
Ce fier sonneur , d'une humeur si battante ,
S'était calmé; ne pouvant plus broncher.
Deux Séraphins le tenaient par l'oreille ,
Précisément à deux pieds du plancher ,
Et Saint-François , d'une ardeur sans pareille ,
A tour de bras, sur son large fessier,
Lui remboursait, au vingtième denier,
Les mille coups que la sainte Excellence
Avait reçus de sa rare insolence.
En ce moment Éloi se présenta.
Ah ! s'il se peut , peignez-vous sa surprise.

En ris moqueurs d'abord elle éclata ;
Mais aussitôt, abjurant sa sottise :
« Quoi ! saint Patron, dit-il au Grand François,
Est-ce bien vous qu'en ces lieux je revois ?
Se pourrait-il que votre Seigneurie
Eût le projet d'attenter à la vie
D'un pauvre diable ?

SAINT-FRANÇOIS.

Ah ! dites d'un bourru,
D'un insolent qu'à regret je ménage.
Je vous sonnais, et ce vrai malotru,
Sans dire mot, tout écumant de rage,
Vient, comme un trait, de grands coups de bâton
Me régaler.

PÈRE ÉLOI.

Eh bien ! très-saint Patron,
Pardonnez-lui ce moment de colère.

SAINT-FRANÇOIS.

Lui pardonner !

PÈRE ÉLOI.

N'est-il pas votre frère
Bien plus cent fois que ce chétif ânon,

A qui jadis vous donnâtes ce nom,

Lorsqu'en prêchant vous l'entendites braire.

SAINT-FRANÇOIS.

Bon, bon, alors j'étais ânon aussi,

Et puis j'avais mon personnage à faire.

Mais à présent, je suis saint, Dieu merci.

En saint, je veux punir son impudence.

Allons, coquin : que le diable à l'instant . . . .

GEORGES.

N'achevez pas, ô des Saints le plus grand !

Si j'ai péché, c'était par ignorance.

En vérité, je vous pensais mortel ;

Ah ! sans cela, daignez, daignez m'en croire,

Georges, jamais, d'une action si noire

N'aurait voulu se rendre criminel.

SAINT-FRANÇOIS.

Mais tout au moins, tu pouvais bien, je pense,

Ne pas me battre avec tant de vigueur.

GEORGES.

Ignorez-vous que je suis un sonneur ?

SAINT-FRANÇOIS.

C'est autre chose. Eh bien ! fais pénitence,

Je te pardonne.» Il dit, et, sur-le-champ,
Les Séraphins lâchèrent ses oreilles.
Georges alors va, se les secouant,
Droit à l'église, où, près de quelques vieilles,
Il se prosterne, et marmotte tout bas
Des *oremus* que Dieu n'écouta pas,
Bien que pourtant il fit mainte grimace.

Les Séraphins, ainsi que Saint-François
Et père Éloi, quittent aussi la place.
Les deux premiers gagnent le Ciel, je crois.
Pour les derniers, je vous le certifie,
C'est au couvent qu'ils reportent leurs pas.
Retournons-y, si nous ne voulons pas
Abandonner si bonne compagnie.

Dans le clocher, tandis qu'on se battait,
Qu'on disputait, ou que l'on pardonnait,
Dans le couvent, à nos porte-besace,
La pauvre Églé de nouveau permettait
Le siège vain de l'imprenable place.
C'était pitié : Plein d'une noble audace,
Droit comme un I, l'assiégeant se montrait

Et, tout-à-coup, prêt à chanter victoire,
Triste et confus, sans vigueur, il tombait.

« Bien ! dit le Saint, les prenant sur le fait,
Ah ! mes gaillards, vous manquez de mémoire.
C'est bon, c'est bon ; mais moi j'en ai pour tous ;
Et désormais, cherchez qui vous soutienne.
J'étais venu pour finir votre peine ;
Je ne veux plus qu'on me parle de vous ;
Adieu. Bientôt vous saurez s'il est doux
D'être l'objet de la plus grande haine
Qu'un Saint conçut dans son juste courroux. »
Il dit, et veut sortir du monastère ;
Mais père Albin le retient par un bras.

« Très-saint Patron, calmez votre colère ;
Ah ! s'il vous plait, ne nous condamnez pas
Sans être sûr que nous soyons coupables.
Mais admettons que nous le soyons tous,
Vous le savez tout aussi bien que nous,
L'intention peut nous rendre excusables.
Or, apprenez qu'en cette occasion
Nous avons eu très-bonne intention.

Au fond d'un cloître, ainsi que dans le monde,
Règne un tyran que personne ne fronde
Impunément. De tout il est moteur.
Bon gré, malgré, chacun, à sa manière,
Aveuglément l'encense et le révère.
Le fastueux le met dans la grandeur ;
Le conquérant, à dépeupler la terre ;
Le philosophe, à rire à nos dépens ;
Le libertin, à tromper l'innocence ;
Et nous enfin, quoique le sage en pense,
A maintenir, en tous lieux, en tout temps,
L'opinion que l'insensé vulgaire
Veut bien avoir d'une Capucinière.
Ce tyran donc, que l'on appelle *Honneur*,
En nous soufflant son poison enchanteur,
Nous a forcés de manquer de mémoire.
Mais, ô grand Saint ! le pourrez-vous bien croire ?
La jeune Églé, malgré cette impudeur,
En ce moment est encore pucelle. »

Ainsi parla le révérend Albin ;
Et Saint-François demeurait incertain.

Il se frotta quelque temps la cervelle ,

D'un air rêveur , ou plutôt hébété ;

Puis , s'écria , s'adressant à la belle,

« A-t-il dit vrai ? — Très-vrai , répondit-elle.

Depuis l'instant que je vous ai conté

De mes malheurs l'histoire trop fidèle ,

Hélas ! tous quatre ont vainement tenté

De mettre fin à ma longue misère. »

Églé se tut , et Saint-François reprit :

« Ma chère enfant , vous paraissez sincère ;

Mais je ne puis , dans une telle affaire ,

M'en rapporter tout-à-fait au récit ,

Permettez-moi d'aller jusqu'à la preuve.

— Je le veux bien ; mais à condition

Que j'obtiendrai , sitôt après l'épreuve ,

De tant de maux la compensation.

— Sans contredit , je m'en rends caution. »

Mais notre Saint n'avait pas la science

Qui , chez Philippe , était un don du Ciel (*).

____

(*) Saint Philippe savait reconnaître , en flairant
une fille , si elle était pucelle , ou non. Voyez sa Vie.

Il fut contraint, en semblable occurence,
D'agir en tout comme un simple mortel.
Ainsi d'Églé l'étonnant pucelage
Fut visité par le saint personnage :
Il le trouva parfaitement intact.
Alors, frottant de nouveau sa cervelle,
« C'est vrai, dit-il, le rapport est exact;
La pauvre enfant est encore pucelle.
N'en doutons pas, ces profanes réclus,
Ainsi qu'Églé, n'en déplaise à la belle,
Dans leurs amours, ont outragé Vénus.
Pour vous punir, je devrais bien, mes frères,
Abandonner votre indigne maison ;
Mais Saint-François eut toujours le cœur bon;
Je me souviens de mes fautes premières,
Et c'est pourquoi je vous excuse encor.
Écoutez-moi : Je vais vous parler d'or.»

Ici, le Saint fit une longue pause,
Et se moucha. Chacun en fit autant;
Puis, il reprit : « Vous ignorez la cause
Qui fait qu'Églé conserve, en cet instant,

D

Son doux bijou. Par ma seule science,
J'ai pénétré ce mystère profond.
Plus d'une fois, vous avez fait faux bond
A la beauté : dans votre adolescence,
Moins délicats que pressés de jouir,
Chacun de vous a cherché le plaisir
Entre les bras d'une vieille coquette.
Plus d'une fois, au fond de sa couchette,
Notre pucelle a voulu que sa fleur
D'un vieux paillard ornât le front vainqueur.
Ce fut en vain : le triste octogénaire
N'en put jamais venir à son honneur.
Or donc, Églé, si le Dieu de Cythère
N'adoucit point ses arrêts rigoureux,
S'il reste encor long-temps sourd à nos vœux,
N'espérez pas que votre pucelage
Puisse, jamais, devenir le partage
De ces vauriens pleins de lubricité.
Oui, de l'Amour, telle est la volonté :
Lorsqu'une belle, à la fleur de son âge,
Voulut s'unir à de vieux libertins,
Elle ne peut cesser d'être pucelle

Par un amant aussi coupable qu'elle.
Mais j'ai sur vous le plus grand des desseins ;
En sa faveur, l'Amour vous fera grace.
Ce monastère est sans père gardien ;
Votre bijou m'offre un plaisant moyen
D'en élire un digne de cette place,
Et je l'adopte. Ainsi, ma chère enfant,
C'est décidé ; vous et ces quatre pères,
Disposez-vous à me suivre à l'instant ;
Je me fais fort d'arranger vos affaires.
L'Amour n'est pas d'un si terrible accès :
J'en réponds donc, je ferai votre paix ;
Partons. » Il dit ; et le saint personnage
Fait aussitôt descendre son nuage.
Chacun s'y place, et tous, se trouvant prêts,
Un coup de vent emporte l'équipage.

CHANT CINQUIÈME.

Oui, c'en est fait, je veux me convertir :
L'impiété ne sied bien à personne ;
Un jour ou l'autre, il nous faudra mourir ;
Et savons-nous si le Dieu qui l'ordonne
Nous laissera le temps du repentir ?
Soyons dévots, c'est un parti plus sage ;
Le rôle en est peut-être fatigant.
Bon ! Chaque rôle a son désagrément ;
Mais n'a-t-il pas aussi son avantage ?
Nous ne devons songer qu'au dénoûment.
On n'est d'ailleurs que quelque temps en scène :
Par-ci, par-là l'on peut bien s'éclipser,
Et dans les bras d'une aimable mondaine,
Aller le soir, sans bruit, se délasser,
Sauf à s'en faire ensuite confesser.
Cette ressource est bien imaginée ;
Pour deux *Pater*, et peut-être un *Ave*,

La voilà donc le dos sur sa bedaine,
A nos paillards présentant ses appas.

Être lavé, mais proprement lavé
De cent forfaits commis en la journée,
Vous conviendrez que rien n'est plus charmant.
Ah ! servons-nous d'un si beau sacrement,
Et sur-le-champ ; nous ne saurions mieux faire.
Dès ce jour donc.... Non, ce sera demain.
Un jour de plus ne fait pas une affaire :
Or celui-ci, j'irai le même train,
Je le consacre à la Capucinière ;
Mais pour demain, point de rémission,
Je tâterai de la confession.

Vous le savez : non loin de la Morée,
Dans cette mer si célèbre autrefois,
Est de l'Amour la demeure sacrée.
Là, de ce Dieu, tout reconnaît les lois :
On n'y voit point de maîtresses cruelles,
D'époux jaloux, ni d'amans infidelles.
Aimer, le dire, et toujours le prouver,
Est, dans cette île, alors qu'on a su plaire,
Tout ce qu'on veut et tout ce qu'on sait faire.

Voilà des lois qu'il est doux d'observer !

Heureux ! heureux l'habitant de Cythère !

Dès qu'il s'enflamme, il n'a pas, comme nous,

A surmonter et grilles et verrous.

Les préjugés, ces tyrans du vulgaire,

Ne lui font pas à tout moment la guerre.

Il aime, on l'aime, il soupire, on se rend ;

Et ses désirs sans cesse renaissant,

S'augmentent même après la jouissance.

Hélas ! pourquoi dans nos tristes climats

L'Amour ainsi ne commande-t-il pas ?

Que n'étend-t-il une telle puissance

Du nord au sud, de l'aurore au couchant !

C'en serait fait : dès cet heureux instant,

Tout l'Univers quitterait tout pour elle ;

Et Mahomet et Jésus et Brama,

Et des sots dieux la longue kyrielle,

Pourraient fort bien dire : *Meâ culpâ.*

De Saint-François le léger équipage,

En un clin-d'œil, conduisit dans ces lieux,

Lui, la pucelle et ses quatre amoureux.

En les voyant sortir d'un gros nuage,

L'Amour les prit tout au moins pour des dieux;

Mais son erreur fut de courte durée.

Chacun le sait, et lui-même encor mieux,

Les habitans du céleste Empirée,

D'un capucin n'ont pas l'habit crasseux,

Ni l'air commun, ni la sotte tournure.

Toujours puant, et mal propre et brutal,

C'est beaucoup trop, lorsqu'un tel animal

A des humains conservé la figure.

L'Amour leur dit : « Soyez les bien venus ;

Vous paraissez des soldats de Jésus,

Et je les aime ; or, puis-je en quelque chose

Vous être bon ? répondez-moi. — Je n'ose,

Dit Saint-François.

L' A M O U R.

Pourquoi donc ? Un enfant

Vous effrairait ! Oh ! je ne suis terrible

Que lorsqu'un cœur veut rester insensible ;

Et vos habits me sont un sûr garant

Que je n'ai pas de plus zélés apôtres.

Parlez , parlez.

Saint-François.

De tout temps, en effet,

Les Capucins en ont bien valu d'autres :

Le monde entier est d'accord sur ce fait.

Aimable Enfant, dont j'ai dans ma jeunesse,

Pour mes péchés, trop peu suivi les lois,

A tes genoux, tu vois le Grand François....

L'Amour.

Comment , un Saint !

Saint-François.

Oui , j'ai cette faiblesse,

Et Jésus-Christ l'aurait tout comme moi.

Nous autres Saints , nous faisons, sans effroi,

Une folie, et même une sottise,

Quand c'est sur-tout pour le bien de l'Église :

Car c'est ainsi qu'on établit la foi.

Ah ! qu'en mon temps, j'en ai fait dans Assise,

Où je suis né. L'on disait : Il est fou !

Et je l'étais. Courant le guilledou,

J'ai .... Mais ceci n'est pas trop à ma gloire.

N'en parlons pas. Aussi bien je ne veux

Te raconter mon incroyable histoire,

Mais t'implorer pour ces religieux,

Pour cette enfant en dépit d'eux pucelle.

Elle est coupable; ils le sont autant qu'elle...

L'Amour.

Suffit, j'entends. Ma foi, tant pis pour eux.

Tes protégés, en manquant à ma mère,

M'ont outragé. Leurs méprisables feux

Méritent bien ce châtiment sévère.

Saint-François.

J'en suis d'accord ; mais je puis me flatter

Qu'en ma faveur tu leur en feras grace.

J'ai quelque droit pour la solliciter.

Au fondateur de la sainte besace,

Tu dois beaucoup : mes couvens sont tous pleins

De tes sujets, tous fieffés libertins.

Amour, c'est là qu'on te rend bien hommage!

Qu'au fond d'un cloître, on te brûle d'encens!

Qui sait le mieux satisfaire ses sens,
Passe chez nous pour être le plus sage.

L'AMOUR.

Jamais l'Amour ne sait rien refuser :
Je cède donc.

SAINT-FRANÇOIS.

Bravo ! bravo ! mes Frères :
De ce pardon il vous faut bien user,
Et le plutôt. Je n'en fais pas mystères :
Sur certains points, vous pouvez déroger
A mes statuts, et ne pas m'outrager :
Tout n'y doit pas être pris à la lettre ;
Mais, je l'ai dit, je ne saurais permettre
Qu'un seul couvent soit sans père gardien.
Le vôtre encore est à nommer ; hé bien,
Ceux d'entre vous qui désirent de l'être,
Vont essayer d'enlever, en courant,
Le doux bijou de cette aimable enfant.
Qu'en penses-tu, charmant Dieu de Cythère ?

L'AMOUR.

Que cette idée est bien digne d'un Saint !

S a i n t - F r a n ç o i s.

Mais, tout au moins, tu l'approuves, j'espère ?

L' A m o u r.

Certainement. Un si noble dessein
Me plait beaucoup, et bien plus je l'admire.

S a i n t - F r a n ç o i s.

Admire donc; mais garde-toi de rire.

« En vains discours ne perdons pas le temps;
Allons, allons, Messieurs les concurrens,
Nuds comme un ver, qu'à l'instant on se mette;
Et vous, Églé, point de sottes façons,
Dépouillez-vous de ce tas de chiffons,
Qui nous dérobe une jambe parfaite,
Un sein d'ivoire et ce charmant séjour
Fait tout exprès pour les jeux de l'amour. »

Enfin ici le Saint reprit haleine;
Et nos vauriens, déjà prêts aux combats,
Se disputaient l'honneur du premier pas,

Tous à la fois voulaient entrer en scène ,
Mais Saint-François réprima tant d'ardeur.

« Chacun son tour, dit-il avec douceur :
D'abord Albin ; puis Jean , ensuite Ignace ,
Et puis Éloi. Chez nous , en fait d'honneur,
Les plus âgés ont la première place. »
Il dit : Bientôt, à l'aide de ses doigts ,
Sort de sa bouche un bruit insoutenable.
On aurait cru qu'un chasseur aux abois
Sifflait après sa meute infatigable :
Et sur-le-champ , deux jolis Séraphins
Sont à ses pieds , baisant ses saintes mains.

Le Grand François , d'un air grave et capable,
Donne à chacun son rôle et son emploi.
« Amour , dit-il, tu seras Juge , toi.
Moi, je tiendrai la charmante pucelle ;
Les Séraphins debout , ainsi que moi,
S'empareront des jambes de la belle.
Vous, mes lurons , voilà votre chemin ;
Suivez-le bien : le reste est notre affaire.

Pour vous, Églé, votre rôle est divin !
Ne faites rien, mais laissez-vous tout faire. »
Il dit : Églé se jette dans ses bras.

La voilà donc le dos sur sa bedaine,
A nos paillards présentant ses appas.
Les Séraphins exécutent, sans peine,
L'ordre précis du révérend Patron ;
Et père Albin s'élance dans l'arène....
Hélas ! ce fut à sa confusion.
Son successeur aussitôt le remplace :
Comme un éclair il part.... Même disgrâce....
L'autre en sourit, et regarde l'Amour.
Plein d'assurance, il s'élance à son tour....
Nouveau malheur.... Il faut pourtant le dire :
Moins bien armé, le formidable sire
Eût mérité nos applaudissemens.
(Le don heureux ne l'est pas en tout temps,
Comme l'on voit). Vous présumez peut-être
Que père Éloi va nous les arracher :
Attendez donc, vous allez le connaître.

Éloi s'élance, Éloi.... veut se cacher.

Son infortune anime ses confrères ;

Et tous les quatre ils redoublent d'ardeur.

L'un après l'autre, on vit ces pauvres pères

Sur la pucelle épuiser leur valeur.

C'en était fait : Elle en pleurait de rage,

Quand de nouveau, les cheveux hérissés,

Les yeux en feu, la luxure au visage,

L'air menaçant et les bras élancés,

Éloi revient où la gloire l'appelle.

Heureux mortel ! te voilà dans le port. . . .

A ce succès, il sent croitre son zèle.

Églé se trouble. . . . Il s'agite sur elle,

La presse. . . . Hélas ! un obstacle plus fort

Semble vouloir rendre vain son transport.

Plein de fureur, il serre alors la belle

En cent façons ; la pousse, la harcelle,

La serre encor, fait un nouvel effort. . . .

Effort vainqueur ! Églé n'est plus pucelle !. . .

Au même instant, l'air retentit des cris

De vive Éloi ! vive le jeune père !

Et Cupidon, avec un doux souris,
Dit : « Grand François, il mérite le prix ;
Qu'il soit gardien de la Capucinière.
— Il le sera, lui répond notre Saint ;
Il en est digne, et c'est bien mon dessein.
Sur ce, je pars. Adieu : l'heure me presse ;
J'aurais voulu demeurer quelqu'instant ;
Je ne le puis, il est tard, cher enfant,
Et pas un d'eux encor n'a dit sa messe.
Tu le vois donc, il est très-important
De regagner au plutôt le couvent. »
Il dit : Soudain, l'équipage ordinaire
Les reçoit tous. Un nouveau coup de vent
Vous les reporte à la Capucinière.

Pour cette fois, les suive qui voudra.
J'ai vu d'Églé prendre le pucelage ;
Il me suffit. *Amen, Alleluia :*
J'ai terminé mon saint et fol ouvrage.

O mon Aglaure ! ô toi qui jusqu'ici
Fus attentive aux accords de ma lyre,

Toi que je vis quelquefois y sourire,
Et plus souvent prête à me dire : Fi !
Ces rimes-là sont toutes à refaire.
Tu le veux donc ; il faut te satisfaire.
Dès que j'aurai corrigé mes enfans,
Un imprimeur en fera son affaire ;
Et si, contr'eux, les cagots, les pédans
Font éclater une sainte colère,
Je m'en rirai. Trop heureux si mes Chants,
A des lecteurs d'une humeur moins sévère,
Ont, comme toi, l'aimable don de plaire.

ÉPILOGUE.

Je l'ai promis, je vais me confesser,
Et c'est à vous, successeur de Saint Pierre,
Qu'il appartient de me débarrasser
Du lourd fardeau que je veux déposer.

« — Quoique bien jeune, hélas! mon très-saint Père,
J'ai mérité le courroux du Seigneur.
Vous connaissez cette Capucinière !....
— Eh bien, mon fils ! — Eh bien ! j'en suis l'auteur.
— Vous avez fait cette œuvre abominable ?
— Oui, très-saint Père, elle me doit le jour :
Je me croyais inspiré par l'Amour,
Et, je le vois, je l'étais par le diable.

E

— Impie affreux ! vous irez en enfer.

— Je le crains bien , j'ai mérité la corde ;

Mais, cher Papa, je tiens d'un Magister,

Qu'à tout péché Dieu fait miséricorde ;

Et pourquoi donc ne pourrais-je espérer

De sa bonté cette preuve éclatante ?

— Vous le pouvez : mais, l'ame repentante,

Monsieur l'Auteur, il vous faut abjurer

Et prose et vers. — Mon Père ! ... — Il faut encore

Vous dépouiller de cet habit mondain,

Abandonner à jamais votre Aglaure,

Et, dès ce jour, vous faire capucin.

— Moi, capucin ! moi, quitter mon amie !

Moi, ne rimer, n'écrire de ma vie ! ....

Non, cher Pater, non je ne le puis pas.

— Tant pis pour vous : la chose vous regarde ;

Votre intérêt vous dit d'y prendre garde.

Voyez l'enfer entr'ouvert sous vos pas ....

Et ce fauteuil qu'à sa droite vous garde

Le bon Jésus. Osez-vous balancer ?

— Allons, mon père, il nous faut composer.

J'y consens donc ; je quitte le Permesse.

Je ferai plus : je lirai le Romain (*) ;
Mais laissez-moi mon aimable maîtresse,
Et renoncez à me voir capucin.
— Non ; tout ou rien. — Que vous êtes terrible !
Ah ! s'il vous plait , daignez être plus doux.
Eh quoi ! grand Dieu ! ne vous est-il possible
D'avoir pitié d'un auteur à genoux ?
Adoucissez un peu la pénitence.
— Je ne le puis. — Ainsi donc , cher Pater,
Vous me voulez livrer à Lucifer ?
Songez-y bien : sur votre conscience
Je mets le crime. — Il n'en existe pas ,
Du moins pour moi ; mais c'est trop de débats.
Allons , voyons , consentez-vous à faire
Ce que j'ai dit ; serez-vous capucin ?
-Mon père.... - Ensuite ? -Hélas ! - Et puis ? - Mon père,
Trouvez-le bon , je reviendrai demain. »

Le lendemain , cent fois plus incertain,
Au jour suivant je remis tout encore ;

(*) Le *Bréviaire Romain.*

Mais ce jour-là , je revis mon Aglaure. ... ?

Ivre d'amour , et mourant sur son sein ,

Je m'écriai : C'en est fait, très-saint Père !

Oui , je veux bien me faire capucin ,

Mais que ses bras soient ma Capucinière.

F I N.